십자가가 복음이다

최 현 지음

YTM 선교회

기독교문서선교회

기독교문서선교회(Christian Literature Crusade: 약칭 CLC)는
1941년 영국 콜체스터에서 켄 아담스에 의해 시작되었으며
국제 본부는 영국의 쉐필드에 있습니다.
국제 CLC는 59개 나라에서 180개의 본부를 두고, 약 650여 명의
선교사들이 이동도서차량 40대를 이용하여 문서 보급에 힘쓰고 있으며
이메일 주문을 통해 130여 국으로 책을 공급하고 있습니다.
한국 CLC는 청교도적 복음주의 신학과 신앙서적을 출판하는
문서선교기관으로서, 한 영혼이라도 구원되길 소망하면서
주님이 오시는 그날까지 최선을 다할 것입니다.

The Cross is the Very Gospel

Written by
Hun Choi

Korean Edition
Copyright © 2013 by Christian Literature Crusade
Seoul, Korea

은혜 받은 독자의 글

이 글은 추천사가 아니라 최헌 목사님의 『십자가가 복음이다』라는 책을 읽고 은혜받은 한 독자의 진솔한 글입니다. 저는 평소에 최헌 목사님이 한국교회를 살리고, 젊은이들이 십자가 대속의 복음 진리를 깨닫게 하고자 십여 년 동안 심혈을 기울여 쓰신 YTM(Youth Truth Movement, 청년진리운동) 편지의 애독자입니다.

최헌 목사님의 십자가 진리복음 운동은 한국교회를 위하여 너무나 귀한 것이었습니다. 저는 한국교회 최고의 진리의 스승 중 한 분인 최헌 목사님으로부터 받은 은혜를 몇 가지 증거하고자 합니다.

   십자가가 복음의 핵심인 것을 누구나 말로는 인정하고 있으나 참되게 십자가 진리를 깊이 깨닫고, 자나 깨나 입을 열면 그리스도의 십자가 피의 복음을 모든 설교의 핵심으로 선포하는 설교자를 저는 한국교회 강단에서 만난 바가 없습니다. 물론 저의 무지일 수도 있습니다. 그러나 최헌 목사님이 끊임없이 그리스도의 십자가의 피의 복음진리를 강조하고 강조하는 것은 다른 설교자들이 깨닫지 못한 십자가의 도를 어느 누구보다 깊이 깨달았기 때문이라 믿습니다.

   최헌 목사님은 설교자가 강단에서 말씀을 전하는 것을 어머니 밥상에 비유하여, 주식이 "십자가·구속·하나님의 사랑"이라고 강조하시고, 다른 말씀이나 예화는 주식을 잘 먹기 위한 반찬으로 말씀하십니다. 저는 그 말씀이 한국교회가 듣고 따라야 할 선지자의 말씀이라고 믿습니다. 십자가 진리에 이르도록 돕는 수단인 예화나 이야기가 한국교회에서 설교의 주제가 되고 성도들의 귀에 듣기 좋은 이야기가 인기를 얻는 이 시대의 불신사조는 속히 사라져야 합니다.

　우리는 최헌 목사님이 "본서를 이성으로 읽으면 지식만 얻는다고 말씀하여" 혹자는 반(反)지성주의로 오해할 수도 있으나 전혀 그런 의미가 아닙니다. 성령의 감동으로 깨달아야 영적생명이 살아난다는 진리를 강조하시는 귀한 말씀입니다.

　저는 최헌 목사님이 그리스도 십자가 대속의 복음 진리를 깨닫고 "83세의 나이지만 깨달은 진리로 말미암아 청년으로 살고 있으며, 하늘을 날아다니는 새같이 깨달은 진리로 말미암아 날아다니면서 천국을 누리고 있다"는 말씀과 "천국이 따로 있는 것이 아니라 깨달은 십자가의 진리가 천국이다"라는 말씀에 전적으로 공감하면서, 우리 모두가 받아야 할 진리의 선포라고 믿습니다.

　예수님은 그리스도 하나님의 아들, 예수님은 하나님의 아들 그리스도라는 증거로 십자가에서 우리 죄를 대신 담당하여 피 흘려 죽으시고, 죽은 자 가운데서 부활하셨습니다. 이 그리스도의 십자가 대속의 진리를 깨달을 때 영적생명이 주어지고 중생한 그리스도인이 됩니다. 최헌 목사님의 일관된 주장은 "십자가가 복음"이라는 것입니다. 이 십자가 복음으로 우리 인생의 모든 문제가 해결되고 해답을 얻습니다.

바라건대 최헌 목사님의 "십자가 복음" 진리가 한국교회를 깨우고 살리는 강단의 어머니 밥상이 되고, 각 개인들이 읽는 가운데 성령님의 감동과 역사로 참되게 깨달아져서 날마다 십자가 진리가 우리 모두를 자유케 하는 기쁜 소식이 되기를 간절히 기원하는 바입니다.

2013. 10.

임덕규 목사[1]

---

[1] 육군사관학교와 서울대 법대 및 동대학원을 졸업했고(법학박사) 대한신학교와 아세아연합신학대학원을(M.A., M.Div.) 졸업하였다. 육군사관학교 법학교수를 역임했으며 현재 대한예수교장로회(대신) 충성교회 담임목사로 섬기고 있다. 저서로는 『신구약을 관통하는 그리스도』(완결편 포함 2권), 『인생 모든 문제의 해결Ⅰ, Ⅱ, Ⅲ』, 『복음이란 무엇인가 ①-⑦』 등 다수의 책이 있으며 모두 CLC를 통해 출간하였다.

서 문

저 같은 부족한 종에게 본 책자를 발간하도록 은혜를 베푸신 하나님께 감사를 드립니다.

저는 모든 면에 부족한 사람이지만 하나님이 특별한 은혜를 주셔서 십자가 구속의 진리를 깨닫게 하시고 깨달은 말씀을 붙들고 기도하는 중에 영의 세계의 비밀을 많이 깨닫게 되었습니다.

은퇴 후 10여 년간 부족한 글 솜씨로 「YTM(청년진리운동) 편지」(월간지, 10월까지 145호)를 통해 '나에게 베푸신 십자가의 사랑'과 '생명의 신학'을 우리나라 곳곳과 미주지역에까지 전파할 수 있었던 것은 오직 하나님의 은혜였습니다. 「한국교회신문」에도 "어머니 밥상"이라는 제목 하에 2013년 10월까지 180호(주간) 게재해 오고 있습니다. 앞으로 얼마나 더 쓸 수 있을지 모르지만 기력이 있는 한 계속해서 십자가의 사랑을 쓰려고 합니다.

저는 이 소책자를 통해서도 십자가 구속의 진리를 깨닫고 영적생명이 살아서 생명 속에 있는 믿음으로 구원을 받고 천국을 누리는 교인들이 많이 생기기를 바라는 마음입니다.

현실교회는 영적생명을 살리는 일보다 교회 부흥에 초점을 맞추고 축복설교를 많이 하는 경향이 있습니다. 그러므로 교인들은 예수님을 믿으면 부자가 되는 줄 알고 부자 될 꿈을 가지고 열심히 봉사하고 헌금도 많이 하고 예배당 건물을 크게 짓고 많은 사람이 모이지만 교인들의 영적상태는 말할 수 없이 곤고하고 가련한 상태에 있습니다. 이렇게 갈 바를 알지 못하고 흑암 가운데 처한 교인들을 바라보면 참담하기 이를 데가 없습니다.

/ 지식은 믿음이 아니다 /

기독교의 뿌리는 십자가입니다. 십자가를 깨달아야 영적생명이 살아납니다. 교회는 십자가를 가르치고 깨우쳐서 영적생명을 살리고 하나님의 사람을 길러야 합니다. 그런데 현대 교회가 세속화되어 영적생명을 깨우치고 살리는 일은 하지 않고 온갖 쓸데없는 일에 전력하여 신앙생활은 의례적(儀禮的)인 교회생활이 전부인 줄 착각하게 만들고 있습니다. 교회에 아무리 열심히 다녀도 구원받는 사람이 적은 이유는 신앙생활의 정석(定石)이 무엇인지 제대로 가르치지 않기 때문입니다.

영적생명이 사는 비결은 십자가 구속의 은혜를 통해서이며 십자가 구속의 은혜가 기초가 되어야 신앙생활을 정석으로 할 수 있습니다. 이 책을 읽을 때 이성으로 읽지 말고 영으로 읽어야 합니다. 이성으로 읽으면 지식은 얻을 수 있으나 지식은 믿음이 아니므로 영적생명을 살리지 못합니다. 그러므로 아직 거듭나지 못한 분들은 이 책을 읽는 중에 진리가운데 역사하시는 성령의 역사로 죽었던 영이 살아나는 역사가 일어나기를 바랍니다.

거듭난 성도는 신앙생활을 해야 합니다. 신앙생활은 영적생명이 살아난 사람이 할 수 있습니다. 영적생명이 깨어나지 못한 사람은 하나님을 만날 수 있는 영이 없으므로 신앙생활을 할 수 없습니다. 교회생활은 영이 깨어나지 못한 사람도 할 수 있으나 교회생활 자체는 신앙생활이 아닙니다.

교회는 영적생명이 산 신자들의 공동체입니다. 그러나 현실교회는 영적생명이 산 신자가 많지 않고 영적생명이 죽은 상태에 있는 교인들이 다수를 차지하여 공동체를 이루고 있으므로 참 교회라고 할 수 없습니다.

신앙생활은 영적생명이 산 신자가 영으로써 하나님을 만나 교통하고 하나님의 인도와 주장을 받는 생활이므로 영적생명이 산 신자가 영으로써 하나님께 기도하고 영으로써 예배하고 영에 맞는 설교를 해야 영적생명이 살기도 하고 힘을 얻어서 걸어가기도 하고 성숙한 신자로 자라나기도 합니다.

/ 지식은 믿음이 아니다 /

이 소책자는 지식을 더해주기 위한 글이 아니라 영적생명을 구원하기 위해 쓴 글이고 영이 깨어난 신자를 위한 영의 양식으로 쓴 글입니다. 영이 깨어나지 못한 교인은 이성으로 읽고 지식은 얻을 수 있으나 지식은 영이 아니고 생명도 아니고 믿음도 아닙니다.

저는 하나님의 은혜로 십자가 구속의 진리를 깨닫고 감격의 눈물을 많이 흘렸으며 감개무량하여 십자가에 젖어서 사는 중에 십자가 속에 하나님의 모든 것이 있음을 깨닫게 되었고 깨달은 진리가 천국이라는 것도 깨닫게 되었습니다.

저는 그리하여 글을 쓸 때 깨달은 진리로 글을 쓰면서 천국을 누리고 있으니 죽어야만 천국에 가는 것이 아니라 살아있는 동안에 천국을 얻어놓고 현재의 삶에서 천국생활을 누리다가 죽으면 영원한 천국을 누리게 되는 것을 깨닫게 되었습니다.

제가 깨달은 진리가 너무 확실하여 깨달은 진리로 말미암아 하늘을 날아다니는 새처럼 천국을 누리고 있기 때문에 제가 누리는 천국을 나눠주고 싶은 열정으로 이 소책자를 내게 되었습니다. 천국은 따로 있는 것이 아니고 깨달은 진리가 천국입니다. 저의 몸은 비록 늙었으나 깨달은 진리로 말미암아 청년으로 살고 있습니다.

현실주의자나 이성주의자는 이성으로 읽고 현실에 맞춰서 읽기 때문에 지식을 얻을 수는 있으나 지식은 생명도 믿음도 구원도 천국도 아니고 하나님과 관계도 없습니다. 아무쪼록 이 작은 책을 통하여 영이 깨어난 사람은 더욱 깊은 사랑의 세계를 발견하기를 바라고, 아직 영이 깨어나지 못한 사람에게는 십자가 구속의 진리를 깨달아 천국을 맛보게 하는 작은 도구가 되길 바랍니다. 오직 하나님께 영광을 돌립니다.

2013. 10. 7 새벽미명 YTM 기도실에서
산돌인 **최 헌** 원로목사

십자가가 복음이다.

십자가 구속의

진리를 깨닫고

깨달은 진리로 자라나면

복음화 된 그리스도인이 된다.

목차

은혜 받은 독자의 글(임덕규 목사) _ 5
서문 _ 9

제1부 십자가가 복음이다

1. 십자가와 복음	19
2. 십자가	23
3. 십자가 속에 모든 것이 있다.	27
4. 하나님의 나라	31
5. 영과 이성	35
6. 영적생명	39
7. 십자가의 길	43
8. 교도소보다 무서운 지옥	47

제2부 십자가로 자라나라

1. 십자가 속에 영적생명이 있다.   **55**
2. 중생한 영과 천국   **59**
3. 신앙생활은 영적생명이 산 사람이 한다.   **65**
4. 교회생활은 신앙생활이 아니다.   **69**
5. 신앙생활 알고 해야 한다.   **73**
6. 십자가의 인(印)을 맞으라.   **77**

제3부 십자가가 자라나면 복음화 된 그리스도인이 된다

1. 신앙생활 도표(圖表)   **83**
2. 신앙생활의 방해물   **87**
3. 겨자씨가 천국이다.   **95**
4. 신앙생활의 단계   **101**
5. 믿음이 자라나는 과정   **105**

제1부 십자가가 복음이다

1. 십자가와 복음
2. 십자가
3. 십자가 속에 모든 것이 있다.
4. 하나님의 나라
5. 영과 이성
6. 영적생명
7. 십자가의 길
8. 교도소보다 무서운 지옥

1. 십자가와 복음

복음은 복된 소리다.
복된 소리라는 것은
사형선고를 받은 사형수에게는
"내가 네 죄를 대신 갚아 주고
너를 구원해 주겠다"라는 소식이
말할 수 없이 반가운 복음이 되는 것과 같은 것이다.

모든 인류가 원죄와 자범죄(自犯罪)로 말미암아
사형언도를 받고 집행을 기다리는 처지에 있을 때
하나님이 독생자 예수 그리스도를

세상에 보내주시고
인류를 구원하는 구속을 이루어 놓으셨다.
그러므로 구속(고전 1:18)의 비밀¹을 깨달으면
모든 죄를 사함 받고 구원을 받는다는 소식이다.

복음이 십자가에서 나왔으므로
"십자가가 복음"이다.
그러므로 십자가를 깨달으면 구원을 받고²
하나님의 아들이 되고 하나님의 후사(後嗣)가
된다는 소식이 복음이다.

---

1 (고전 1:18) 십자가의 도가 멸망하는 자들에게는 미련한 것이요 구원을 받는 우리에게는 하나님의 능력이라.

2 여기서 "깨닫는 것"은 인간내부의 어떤 능력이나 작용이 아닌 성령의 조명(照明)으로 이루어지는 것을 말한다.
참조: 우리의 마음이 어둡고 사악하지 않았다면 하나님의 말씀의 이 외부적인 증명만으로도 우리의 믿음을 불러일으키는데 충분하였을 것이다. 그러나 우리의 마음은 헛된 것에 기울어져 있어서 하나님의 진리에 결코 이를 수 없으며, 우둔하여 항상 하나님의 진리의 빛을 보지 못한다. 따라서 성령의 조명이 없으면 하나님의 말씀은 아무것도 할 수가 없다(기독교강요, Ⅲ.ii.33).

/ 지식은 믿음이 아니다 /

하나님의 독생자 예수 그리스도께서
하늘영광 보좌를 내어 놓으시고 이 세상에 오셔서
33년의 고난의 생애를 통하여 구속을 이루시고
십자가에 못 박혀 죽으심으로 구속을 완성하셨다.
그러므로 구원의 길이 열렸다.

구속의 뜻은 어떤 무죄한 사람이
인류의 죄를 대신 지고 죄인을 구원한다는 뜻인데
예수 그리스도께서 인류의 죄를 대신 짊어지고
십자가에 못 박혀 죽으심으로 구속을 이루셨다.

구속[3]에는 죄를 사하는 비밀과
의인이 되게 하는 비밀이 있다.
그러므로 구속의 진리를 깨닫고
구속의 은혜를 받으면

---

3 구속(아폴뤼트로시스, ἀπολύτρωσις)은 속전(贖錢, a ransom)을 지불하여 자유(구원)를 준다는 뜻으로 그리스도의 십자가의 대속(代贖)을 통한 구원을 가장 적절하게 표현한 단어이다.

/ 십자가 구속의 진리를 깨달아야 구원을 받는다 /

죄 사함을 받고 법적인 의인이 된다.

구속의 비밀을 깨우치기 위하여
목사와 교사와 복음 전하는 자를 세우시고
십자가 복음을 가르치고 깨우쳐서
영적생명을 살리는 일을 하게 하였다.
그러므로 목사와 교사와 복음 전하는 자는
십자가 복음을 가르치고 깨우치는 일에
전심전력을 다해야 한다.

/ 지식은 믿음이 아니다 /

2. 십자가

십자가는 영적생명의 근원이다.
그러므로 십자가를 깨달아야
영적생명이 살고 그리스도인이 된다.
그러나 십자가를 아는 지식 자체는
깨달은 것이 아니므로 영적생명을 살릴 수 없다.

십자가를 아는 것과 깨닫는 것은 다르다.
아는 것은 지식이고[1] 깨닫는 것은 영이고 생명이다.

---

1 성경에서 "아는 것"의 의미가 다양한 의미로 나타나는데 여기서는 중생(거듭남)하지 못한 이성이 갖는 지식을 말한다.

그러므로 아는 것을
깨달은 것으로 착각하면 안 된다.

지식의 뿌리는 이성이다.
그러므로 이성은 지식을 원하고
지식에 지식을 더하므로
이성이 발달하여 세상을 개발하는 능력이 있으나
이성이 영적생명은 아니다.

영적생명은 십자가를 깨달음으로 살아나고
산 영은 깨달은 진리에 연이은 말씀을 깨달음으로
이 말씀이 영의 양식이 되고 움직이며 자라난다.
그러므로 깨닫지 못하면
영적생명도 믿음도 구원도 천국도 얻지 못하고
자라나지도 않는다.

신앙생활은 십자가를 깨닫고
영적생명이 살아나야 시작되고

십자가를 깨닫지 못하면
신앙생활을 할 수 없고 되지도 않는다.

그러므로 십자가를 깨닫고 영적생명을 받아야 한다.
신앙생활은 영적생명이 산 사람의 영이
깨달은 진리에 연이은 말씀을 듣고 깨달으면
깨달은 말씀이 영의 양식이 되고
깨달은 말씀에 순종하여 걸어감으로 자라난다.
그러므로 신앙생활을 하려는 사람은
하나님의 말씀을 들을 때 십자가를 깨달아야 한다.

십자가 속에 구속이 있고
구속의 비밀은
죄를 사하는 비밀과 의인 되는 비밀이다.
그러므로 십자가 구속의 비밀을 깨달아야 하고
십자가 속에 영적생명과 믿음이 함께 있으므로
영적생명을 받을 때 믿음도 함께 받고
믿음으로 구원을 받는다.

구원을 받은 사람은 죄에서 해방을 받고
하나님의 의를 받음으로 천국백성이 된다.
그리고 구속의 은혜를 받으면 영적 자유를 누리고
자유의 율법을 따라서 살며
율법의 요구를 이루게 된다.

하나님의 의는
하나님의 법정에서 선언받은 의이므로
털끝만큼의 흠이나 죄가 없는 완전한 의이다.
그러므로 천국에서 살기에 조금도 부족함이 없다.

/ 지식은 믿음이 아니다 /

3. 십자가 속에 모든 것이 있다

십자가 속에 구속이 있고 하나님의 사랑이 있고
감격이 있고 영적생명이 있고 믿음이 있고
구원이 있고 천국이 있고
천국의 복락도 영생도 십자가 속에 있다.

그리고 십자가 속에 반석이 있고 능력이 있고
형통이 있고 범사에 잘 되는 것도 십자가 속에 있다.
그러므로 십자가를 깨닫고 십자가의 길을 걸어가면
걸어간 만큼 이 모든 것이 내 것이 된다.

십자가를 깨달은 지식은 힘이고 능력이지만
십자가의 길을 걸어가지 않으면
세월이 흘러가면서 점점 희미해지고 힘이 빠져서
깨닫기 전 상태로 돌아가고 지식만 남는다.

십자가를 깨닫지 못하면
하나님의 모든 것을 하나도 얻지 못한다.
그러므로 십자가가 이렇게 큰 것을 알고
십자가를 깨달아야 한다.
십자가는 위대하고
하나님의 사랑이 위대하다.

십자가를 아는 지식은 영적생명이 아니니
착각하지 말고 십자가를 깨닫기를 바란다.
십자가를 깨달으면 가슴이 뭉클거리고
감격의 눈물이 흘러나오고 흐느껴 울게 되는데
눈물을 닦으면 또 나오고 닦으면 또 나오는
신비한 현상이 나타난다.

많은 교인들이 십자가를 아는 지식을
깨달은 것으로 착각하고 있으나
십자가를 아는 지식은 깨달은 것이 아니고
성경을 많이 아는 지식도
깨달은 것이 아니므로 착각하지 않기를 바란다.

/ 십자가 구속의 진리를 깨달아야 구원을 받는다 /

십자가가 복음이다

십자가 구속의 진리를 깨닫고 십자가가 자라나면
복음화 된 그리스도인이 된다.

4. 하나님의 나라

하나님의 나라는 영의 세계이므로
이 세상에서와 같이 먹고 마시고 시집가고 장가가고
부자(富者)되고 가난해지는 세계가 아니고
의와 희락과 화평으로 이루어진
거룩한 나라이므로 착각하지 않기를 바란다.

로마서 14:17의 말씀이다.

    하나님의 나라는 먹는 것과 마시는 것이 아니요
    오직 성령 안에서 의와 평강과 희락이라.

천국은 십자가를 깨달으면 그 즉시
내 마음에 임하므로
현실에 살면서 천국이 시작되고
죽으면 세상에서 누리던 천국생활 그대로
영원한 천국에서 누리게 된다.
그러나 십자가를 깨닫지 못하면
집사, 권사, 장로, 목사가 되고
명예와 영광과 권세가 많아도 지옥이다.

십자가 구속의 진리를 깨달으면
영적생명이 살아나며
영의 양식을 먹어야 하고 걸어가면 자라난다.
그러므로 십자가를 깨달아야 하고
깨달은 진리에 연이은 말씀을 깨달으면
힘을 얻어서 신앙생활을 하게 된다.

누구든지 교회에 나오면
하나님의 말씀을 들어야 하고

/ 지식은 믿음이 아니다 /

십자가를 깨달아야 한다.
십자가를 깨닫지 못하면 기도도 못하고
예배에 참석해도 하나님을 만나지 못하고
기도해도 하나님께 상달도 안 되고
응답도 오지 않는다.

하나님의 말씀은 영이고 생명이다(요 6:63).[1]
그러므로 하나님의 말씀을 듣고 영이 깨어난 사람은
하나님의 말씀을 들을 수 있고
영이 깨어나지 못한 사람은
하나님의 말씀을 들어도
이성으로 듣기 때문에 이해가 되지 않는다.

십자가 구속의 진리를 깨달으면
죽었던 영이 살아나고
산 영이 하나님의 말씀을

---

1 (요 6:63) 살리는 것은 영이니 육은 무익하니라. 내가 너희에게 이른 말은 영이요 생명이라.

들을 줄 알기 때문에 신앙생활을 할 수 있다.
그러나 깨닫지 못하면
영적생명이 죽은 상태에 있으므로
하나님의 말씀을 들어도
무슨 소리인지 이해를 못한다.
그러므로 신앙생활을 할 수 없고
영의 세계를 개발할 수 없다.

5. 영과 이성

사람은 세상에 태어날 때
육신의 부모에게서 이성을 받아 태어나며
이성으로써 살고 감정으로 자라나므로
사람은 다 이성과 감정으로 산다.
그러므로 이성을 개발하기 위하여
초, 중, 고, 대학, 대학원 등에서 공부를 많이 하여
이성이 자라나고 살기 좋은 세상문화를 만들어 가지만
육체의 부패성이 함께 자라나 교만하게 된다.

영은 하나님의 말씀과

성령의 역사로 중생한 영적 생명이고
이성은 영이 아니고 현실 세계를 개발하는 능력이다.
그러므로 이성으로는 영의 세계를 개발할 수 없다.

이성은 1+1=2이 되고 2+3=5가 되는 것이 확실하고
영은 1+1=5가 되고 5+5=15가 된다고 말하는 성경을
이성으로는 이해할 수 없다.
그러나 깨달으면
1+1=5이 되고 5+5=15이 되는 것이 확실하므로
영적신앙의 주체성이 확립된다.

성경진리를 깨달은 자는
1+1=5가 되는 것이 확실하므로
너무 오묘해서 더 깊은 진리를 깨달으려고
힘을 쓰게 되지만
이성은 깨달은 진리가 없으므로
영의 소리를 들어도 무슨 소리인지 모른다.
십자가를 깨달은 영은 영의 소리를 들을 줄 안다.

/ 지식은 믿음이 아니다 /

요한복음 8:43-47의 말씀이다.

어찌하여 내 말을 깨닫지 못하느냐 이는 내 말을 들을 줄 알지 못함이로다. 너희는 너희 아비 마귀에게서 났으니 너희 아비의 욕심을 너희도 행하고자 하느니라. 저는 처음부터 살인한 자요 진리가 그 속에 없으므로 진리에 서지 못하고 거짓을 말할 때마다 제 것으로 말하나니 이는 저가 거짓말쟁이요 거짓의 아비가 되었음이니라. 내가 진리를 말하므로 너희가 나를 믿지 아니하는도다. 너희 중에 누가 나를 죄로 책잡겠느냐 내가 진리를 말하매 어찌하여 나를 믿지 아니하느냐 하나님께 속한 자는 하나님의 말씀을 듣나니 너희가 듣지 아니함은 하나님께 속하지 아니하였음이로다.

영적생명이 살아서 어느 정도 자라나면
깨달은 말씀이 힘이 되고 능력이 되어
젖 뗀 아이같이 의젓하게 되고

깨달은 말씀을 붙들고
환란과 핍박과 여러 가지 시험이나 궁핍이 와도
태연하게 감당하면서 믿음의 길을 걸어가게 된다.

영의 세계와 육의 세계는 다르다.
영의 세계는 영이 산 사람이 들어갈 수 있고
영이 깨어나지 못한 사람은
영의 세계에 들어갈 수 없으므로
영의 세계를 개발할 수 없다.

영이 산 사람은 영의 세계를 알기 때문에
영의 세계를 개발할 수 있으나
영이 죽은 상태에서는
영의 세계를 개발할 수 없다.

6. 영적생명

영적생명이 무엇인지 알아야 한다.
영적생명은 깨달은 진리다.
그러므로 십자가 구속의 진리를 깨닫지 못하면
영적생명을 얻을 수 없다.
영적생명이 없는 사람은 이성으로 듣기 때문에
지식은 얻을 수 있으나
영적생명에게는 영향을 주지 못한다.

진리를 깨달은 사람은 하나님의 말씀을 들을 때
깨달은 진리에 맞춰서 듣기 때문에 들을 수 있다.

그리고 진리를 깨달은 사람은 같은 말씀을 들어도
어머니 밥상에서 맛들인 음식이므로
새롭게 깨닫게 된다.

로마서 10:17의 말씀이다.

> 믿음은 들음에서 나며 들음은 그리스도의 말씀으로 말미암았느니라.

그러므로 하나님의 말씀을 들어야
듣는 중에 십자가 구속의 진리를 깨닫고
죽었던 영이 살아나고
산 생명 속에 있는 믿음으로 구원을 받게 되므로
하나님의 말씀을 들어야 한다.

믿음은 영적생명이고 신자의 힘이고 능력이다.
그러므로 믿음이 있어야
십자가의 길을 걸어갈 수 있고

믿음이 없으면 십자가의 길을 걸어갈 수 없다.

십자가의 길은 험한 길이므로
십자가 구속의 진리를 깨닫고
영적생명이 산 사람이 갈 수 있고
영적생명이 살지 못한 사람은
십자가의 길을 걸어갈 수 없다.

/ 십자가 구속의 진리를 깨달아야 구원을 받는다 /

십자가가 복음이다

십자가 구속의 진리를 깨닫고 십자가가 자라나면
복음화 된 그리스도인이 된다.

7. 십자가의 길

십자가의 길에는 방해물이 많다.
방해물은 환란과 핍박과
여러 가지 시험과 궁핍 등이다.
그러므로 영이 깨어나지 못한 사람은
육신의 감정밖에 없으므로
방해물을 헤치고 가지 못한다.

육신의 감정(sinful nature)은 기분파다.
기분파는 기분이 좋으면 열심히 믿다가
기분이 나쁘면 열심이 식어지고

믿는 일을 포기하는 사람도 있다.

영이 깨어난 사람은
영권(靈權)을 써서 십자가의 길을 걸어가므로
여리고 성(城)이나 아이 성이나 소알 성을 점령하고
죄악의 도성은 거룩한 성읍이 되고
전리품도 많아진다.

새 사람이 교회에 들어오면
십자가 구속의 진리를 깨닫도록 가르쳐야 한다.
진리를 깨달으면 한 생명을 얻은 것이고
깨닫지 못하면 지식주의자가 되어
두 배나 지옥자식이 된다.

십자가 구속의 진리를 깨달으면
죽었던 영이 살아나고
산 영은 하나님의 말씀을 들을 줄 알기에
하나님의 말씀을

영의 양식으로 받아먹고 자라나게 된다.
그러므로 영을 깨우쳐야 한다.

십자가 구속의 진리를 깨닫지 못하면
교회생활은 할 수 있어도 신앙생활은 할 수 없다.
교회생활은 아무리 열심히 하고 재미있게 해도
영적 즐거움이 아니고 세상의 즐거움이다.

그러므로 영적 생명이 깨어나서
신앙생활이 동기가 되어
교회생활을 해야
하나님께 상달되고 응답도 오는 것이므로
착각하지 않기를 바란다.

진리를 깨닫지 못한 사람은
진리보다 직분을 크게 여기고
명예나 영광으로 알고 교회생활을 하지만
하나님께 미치지 못하므로

교회생활을 많이 하고도 육신의 호흡이 끊어지면
음부(지옥)에 떨어져서 영원토록 지옥형벌을 받게 된다.

/ 지식은 믿음이 아니다 /

8. 교도소보다 무서운 지옥

지옥은 꺼지지 않는 불못이다.
세상에서는 죄를 범하면 교도소(감옥)에 보내지고
교도소에 들어가면 사람대접을 받지 못하고
많은 고통을 당하지만
교도소는 지옥에 비하면 천국이다.

지옥은 꺼지지 않는 불못이므로
지옥고통은
세상감옥에서 당하는 고통에 비교가 되지 않는다.
지옥은 세상에서 저주받은 자들의 거처다.

그래도 지옥이 좋으면
예수를 믿지 말고 지옥에 가라!
내 말이 아니고 하나님의 말씀이다.

요한계시록 20:10의 말씀이다.

> 또 저희를 미혹하는 마귀가 불과 유황 못에 던져지니 거기는 그 짐승과 거짓 선지자도 있어 세세토록 밤낮 괴로움을 받으리라.

요한계시록 21:8의 말씀이다.

> 두려워하는 자들과 믿지 아니하는 자들과 흉악한 자들과 살인자들과 행음자들과 술객들과 우상 숭배자들과 모든 거짓말 하는 자들은 불과 유황으로 타는 못에 참예하리니 이것이 둘째 사망이라.

요한계시록 20:12-15의 말씀이다.

바다가 그 가운데서 죽은 자들을 내어주고 또 사망과 음부도 그 가운데서 죽은 자들을 내어주매 각 사람이 자기의 행위대로 심판을 받고 사망과 음부도 불못에 던지우니 이것은 둘째 사망 곧 불못이라 누구든지 생명책에 기록되지 못한 자는 불못에 던지우더라.

현실주의자들은 안일주의 향락주의자들로서
지옥(불못)이 있는 줄도 모르고
안일주의 향락주의로 살고 있으니 불쌍한지고!
현실주의자들과 육신주의자들과 감정주의자들은
듣고 깨어나라!
깨어나지 못하면 영원한 지옥이고
깨달으면 영원한 천국이다.

목사는 하나님의 말씀을
육신의 감정이나 이성에 맞추어
연기(演技)나 연설(演說)을 할 것이 아니라

영에 맞추어 십자가의 도를 강론(講論)해야 한다.
그리고 교인들이 좋아한다고
인기를 얻는 설교를 하지 말고
십자가의 도를 강론(설교)하고
하나님의 뜻을 찾아서 바르게 가르치고
깨우치는 설교를 하여
영이 먹을 만한 양식을 공급해야 한다.

십자가의 도를 깨우치지 못하면
교인들의 영은 깨어나지 못하고
육신은 두 배나 지옥 자식이 되고
지옥형벌을 받게 되니
그러므로 목사가 받을 형벌이 더 큰 것을 알아야 한다.
강단에 올라가서 무슨 말이든 하면 되는 것이 아니고
십자가의 도를 깨우치는 설교를 해야 참 선지자다.

신앙생활은 도(道)를 깨닫고
깨달은 도(道)의 진리를 따라가는 것이므로

목사는 도의 진리를
알기 쉽게 설명하여 깨닫게 해야 한다.
목사가 잘못 가르치면 교인들의 영은 망하게 되고
교인들의 영이 잘못 되면
목사가 받을 징벌이 큰 것을 알아야 한다.

에스겔 3:18-19의 말씀이다.

> 가령 내가 악인에게 말하기를 너는 꼭 죽으리라 할 때에 네가 깨우치지 아니하거나 말로 악인에게 일러서 그 악한 길을 떠나 생명을 구원케 하지 아니하면 그 악인은 그 죄악 중에서 죽으려니와 내가 그 피 값을 네 손에서 찾을 것이고 네가 악인을 깨우치되 그가 그 악한 마음과 악한 행위에서 돌이키지 아니하면 그는 그 죄악 중에서 죽으려니와 너는 네 생명을 보존하리라.

목사들이 교회 부흥을 위하여 성경을 억지로 풀면

교회를 크게 부흥시켜놓을 수는 있어도
자기는 멸망을 자처하게 되고
교인들은 배나 지옥 자식이 되는 것을 알아야 한다.

베드로후서 3:16의 말씀이다.

> 또 그 모든 편지에도 이런 일에 관하여 말하였으되 그 중에 알기 어려운 것이 더러 있으니 무식한 자들과 굳세지 못한 자들이 다른 성경과 같이 그것도 억지로 풀다가 스스로 멸망에 이르느니라.

/ 지식은 믿음이 아니다 /

제 2 부   십자가로 자라나라

1. 십자가 속에 영적생명이 있다.

2. 중생한 영과 천국

3. 신앙생활은 영적생명이 산 사람이 한다.

4. 교회생활은 신앙생활이 아니다.

5. 신앙생활 알고 해야 한다.

6. 십자가의 인을 맞으라.

십자가가 복음이다

십자가 구속의 진리를 깨닫고 십자가가 자라나면
복음화 된 그리스도인이 된다.

1. 십자가 속에 영적생명이 있다

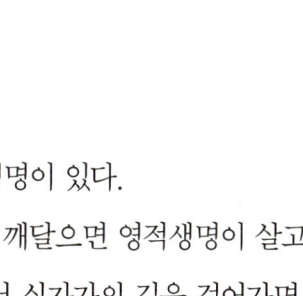

십자가 속에 영적생명이 있다.
그러므로 십자가를 깨달으면 영적생명이 살고
산 영이 영권을 써서 십자가의 길을 걸어가면
영적생명과 함께 십자가가 자라나서
그리스도의 피로 물든
복음화 된 그리스도인이 된다.

십자가 속에 영적생명을 비롯한 모든 것이 다 있다.
그러므로 십자가를 깨달아야 하고
영적생명이 살아나면

산 생명 속에 믿음도 구원도 천국도 있고
인간의 생사화복(生死禍福) 흥망성쇠(興亡盛衰)도
십자가 속에 있으므로 십자가를 깨달아야 한다.

신앙생활은 깨달은 진리가 원동력이므로
깨달은 진리가 없으면
십자가의 길을 걸어가지 못한다.
그러므로 십자가를 깨닫고 십자가의 길을 걸어가야
영적생명과 함께 십자가가 자라나서
십자가로 충만한 그리스도인이 된다.

십자가의 길에는
마귀가 진(陣)을 치고 길을 막고 있으나
영권을 써서 그 진을 뚫고 가야
영적 생명이 자라나고 영권이 점점 커짐으로
마귀의 장벽(障壁)을 뚫고 갈 수 있다.

십자가에는 구속의 비밀이 있고

구속의 비밀은 죄(罪)를 사해주는 사죄의 비밀과
의인이 되는 칭의(稱義)의 비밀이 있다.
이 비밀을 깨달으면 구속의 은혜로
영적 생명과 믿음을 받고
믿음으로 살게 된다.

십자가 복음이다

십자가 구속의 진리를 깨닫고 십자가가 자라나면
복음화 된 그리스도인이 된다.

2. 중생한 영과 천국

요한복음 3:5-7의 말씀이다.

> 예수께서 대답하시되 진실로 진실로 네게 이르노니 사람이 물과 성령으로 나지 아니하면 하나님 나라에 들어갈 수 없느니라 육으로 난 것은 육이요 성령으로 난 것은 영이니 내가 네게 거듭나야 하겠다 하는 말을 기이히 여기지 말라.

사람이 거듭나지 않으면
하나님 나라에 들어갈 수 없다.

거듭난다는 말은 두 번째 난다는 말인데
첫 번째는 어머니가 육신의 생명을 낳아주시고
두 번째는 하나님께서 낳아 주시는 것을
거듭났다, 중생했다고 말한다.

중생한 영은
하나님의 말씀과 성령의 역사로 거듭나는 것인데
하나님의 말씀 중에 십자가 구속,
하나님의 사랑에 대한 말씀을
듣고 깨달으면 거듭난 것이고
거듭난 영적생명은 하나님의 아들이고
하나님의 후사이고 천국백성이므로
털끝만한 죄도 없고 죄를 범할 수도 없다.

요한일서 3:9의 말씀이다.

> 하나님께로 난 자(중생한 영)마다 죄를 짓지 아니하
> 나니 이는 하나님의 씨가 그의 속에 거함이요 저도

범죄지 못하는 것은 하나님께로 났음이라.

요한일서 5:18의 말씀이다.

하나님께로서 난 자마다 범죄치 아니하는 줄을 우리가 아노라 하나님께로서 나신 자가 저를 지키시매 악한 자가 저를 만지지도 못하느니라.

하나님께로 난 영적 생명은 털끝만한 죄도 없고
성령께서 지키시므로 죄를 짓지 못하고
영적생명이 살아나서 자기도 죄를 지을 수 없다.
그러므로 중생한 영은
죄와 상관없는 깨끗한 영이므로
천국이고 천국백성이다.

로마서 14:17의 말씀이다.

하나님의 나라는 먹는 것과 마시는 것이 아니요 오

직 성령 안에서 의와 평강과 희락이라.

그러므로 깨달은 진리가 천국이다.
진리를 깨달으면 하나님의 의를 받고
깨달은 진리로 말미암아 마음이 기쁘고 즐겁고
평안하므로 깨달은 진리가 천국이다.

십자가 구속의 진리를 깨달아 영적 생명이 산 사람은
현실에서 천국을 누리기 시작하고
영의 길을 걸어가면 천국의 복락이 커진다.

우리가 세상을 떠나 천국에 들어가면
영적생명을 키울 수 있는 환경이 없다.
그러나 세상은 나를 미워하는 사람,
나를 괴롭게 하는 사람,
내게 손해를 끼치는 사람이 있으므로
영적생명을 키울 수 있다.
그러므로 주어진 환경을 이용하여

영적생명을 키워야 한다.

하나님의 나라는 의와 희락과 화평의 나라이므로
나를 미워하는 사람이나 괴롭게 하는 사람이 없다.
그러므로 천국을 확장시킬 수 없으므로
육신의 생명이 살아있는 동안에
천국을 확장해야 한다.

십자가가 복음이다

십자가 구속의 진리를 깨닫고 십자가가 자라나면
복음화 된 그리스도인이 된다.

3. 신앙생활은 영적생명이 산 사람이 한다

신앙생활은 구속의 진리를 깨닫고
영적생명이 산 사람이 할 수 있고
영적생명이 살지 못한 자는
교회생활은 할 수 있어도 신앙생활은 하지 못한다.
교회생활은 아무리 열심히 해도
하나님께 미치지 못하므로
십자가 구속의 진리를 깨달아야 한다.

믿음은 영적생명과 함께 받는 것이므로
십자가 구속의 진리를 깨닫지 못하면

영적생명도 믿음도 없으므로 신앙생활을 할 수 없다.
그러므로 십자가 구속의 진리를 깨달아야 한다.

십자가 구속의 진리를 깨달으려 하면
하나님의 말씀을 부지런히 들어야
어느 날 깨달음이 오는 것이므로
듣는 것을 싫어하는 사람은 깨닫지 못한다.

십자가 구속의 진리를 깨달으면
하나님의 사랑에 감격하여 가슴이 뭉클거리고
흐느껴 울면서 눈물을 흘리게 되는데
닦으면 또 나오고 닦으면 또 나오는 현상이 벌어진다.

이러한 현상은 인위적으로 되는 것이 아니고
십자가 구속의 진리를 깨달을 때
자동적으로 나타나는 현상이므로
육신의 감정을 이용해 이런 현상을 만들면 안 된다.

/ 지식은 믿음이 아니다 /

새벽은 참신하고 하루를 시작하는 시간이다.
그러므로 새벽시간을 빼앗기지 말고 기도해야 하고
십자가의 감격이 생길 때까지
십자가를 깊이 생각하면서 기도해야 한다.
육신의 감정을 이용해 그런 현상을 만들면 속게 된다.

영적생명을 살리는 것은
인간의 방법으로 되는 것이 아니고
하나님의 신기한 능력으로 살리는 것이므로
정성을 다하여 하나님의 말씀을 들어야 하고
듣는 중에 하나님의 성령께서 역사하심으로
이루어진다.

십자가는 기독교의 핵심진리이다
십자가를 깨닫지 못하면 신자가 될 수 없고
신앙생활도 할 수 없다.
그러므로 십자가를 깨달아야 한다.

십자가가 복음이다

십자가 구속의 진리를 깨닫고 십자가가 자라나면
복음화 된 그리스도인이 된다.

4. 교회생활은 신앙생활이 아니다

교인들 중에는
교회생활을 신앙생활로 착각하는 교인이 많다.
교회생활은 신앙생활이 아니므로
착각하지 않기를 바란다.
교회생활은 아무리 열심히 해도
하나님께 미치지 못한다.
교회생활은 영적생명이 없어도 할 수 있으나
신앙생활은 영적생명이 있어야 할 수 있다.

신앙생활은 하나님을 만나서 교통하고

그의 인도와 주장을 받아서 사는 생활이다.
그러므로 영이 죽은 상태에서는 기도도 안 되고
예배에 참석해도 하나님과 교통이 되지 않는다.

영이 깨어나기 전에는
하나님의 말씀을 이성으로 듣고
지식을 얻을 수는 있어도
이성으로는 신앙생활이 되지 않고
십자가를 깨닫고 영적생명이 살아나야
신앙생활을 할 수 있다.

교회생활은
교회에서 하는 여러 가지 봉사의 생활인데
즉 성가대에서 성가대원으로 봉사한다든지
주일학교나 청년부에서 봉사한다든지
주방에서 봉사를 한다든지 하는 것을 말한다.
그러나 교회생활은 신앙생활이 아니므로
착각하지 않기를 바란다.

/ 지식은 믿음이 아니다 /

영이 깨어난 신자가

신앙생활이 동기(動機)가 되어 교회생활을 하면

교회생활이 하나님께 상달되고 응답도 온다.

그러나 영이 깨어나기 전에는

하나님께 상달도 응답도 없는 것을 알아야 한다.

많은 교인들이

자기 계획이나 목적을 달성하기 위하여

금식하면서 기도를 하지만

이는 이방인의 기도이므로

상달도 응답도 없다.

그리스도인의 기도는

자기를 하나님의 사람으로 만들어가기 위하여

하는 기도이므로

깨달은 말씀을 이루기 위하여 기도하면

하나님께 상달되고 응답이 와서

하나님의 사람다운 사람이 된다.

그러므로 속지 않기를 바란다.

교인들이 현실 문제를 놓고 기도하지만
영적생명이 없는 자의 기도는 상달도 응답도 없다.
현실문제는 우리가 기도할 것이 아니고
하나님께 맡겨야 하고
우리는 하나님의 나라와 의를 구해야 하고
하나님은 우리의 믿음 정도에 따라서
우리 믿음에 유익하게 선처(善處)하신다.

5. 신앙생활 알고 해야 한다

교회가 무엇이고 기도가 무엇이고 예배가 무엇이고
축복이 무엇이고 저주가 무엇이고
지옥과 천국이 무엇인지 알고 믿어야 한다.
그리고 영적생명이 무엇이고 믿음이 무엇이고
구원이 무엇이고 천국의 복락이 무엇인지
알고 믿어야 한다.

교인들은
알아야 할 것을 알고 신앙생활을 해야 한다.
그러나 신앙생활보다

교회운영에 신경을 쓰는 이가 많은데
이것은 필요없는 소모를 하는 것이다.
교회에 가서 예배에 참석하고 오면
주일을 지킨 것으로 아는 교인이 많으나 속고 있다.
그러므로 믿는 것이 무엇인지 알고 믿어야 하고
모르고 믿으면 이방인이 된다.

현실교회가 세속화되었으므로
기도나 예배나 설교도 현실에 맞추어 함으로
기독교가 현실교회로 전락(轉落)하고 있다.
그러므로 영의 소리를 하면 알아듣지 못하고
이단이 아닌가 의심할 정도로 무지(無知)하다.

세속화된 교회는 복에 대한 관념이 잘못되어 있다.
돈을 많이 벌고 부자가 되고
명예를 얻고 영광을 누리고 자손들이 잘 되고
출세하는 것을 복으로 인식하고 있다.
그래서 부자 될 꿈을 가진 교인이 많다.

/ 지식은 믿음이 아니다 /

복에 대한 관념을 바로 가져야 한다.

하나님이 복이고

하나님의 말씀이 복이고

하나님의 말씀 깨닫는 것이 복이고

하나님의 말씀대로 사는 것이 복이다.

영혼이 잘 되는 것이 복이고

영혼이 잘 됨에 따라서 범사에 잘 되는 것이 복이다.

요한삼서 1:2-3의 말씀이다.

> 사랑하는 자여 네 영혼이 잘 됨같이 네가 범사에 잘 되고 강건하기를 내가 간구하노라 형제들이 와서 네게 있는 진리(가이오가 깨달은 진리)를 증거 하되 네가 진리 안에서 행한다 하니 내가 심히 기뻐하노라.

마태복음 6:31-33의 말씀이다.

> 그러므로 염려하여 이르기를 무엇을 먹을까 무엇

을 마실까 무엇을 입을까 하지 말라 이는 다 이방인들이 구하는 것이라 너희 천부께서 이 모든 것이 너희에게 있어야 할 줄을 아시느니라 너희는 먼저 그의 나라와 그의 의를 구하라 그리하면 이 모든 것을 너희에게 더하시리라.

신앙생활을 바로 깨달아 알고 바르게 해야 한다.
교회는 구령(救靈)기관이므로 영적 생명을 살리고
산 영들을 하나님의 말씀으로 기르고
하나님의 영광을 옷 입을 수 있도록 도와주고
하나님의 영광을 옷 입고 하나님을 선전하는
기관이 되게 해야 한다.

6. 십자가의 인(印)을 맞으라

이방인이 십자가 구속의 진리를 깨달으면
성령께서 십자가로 인을 쳐 주시고
십자가의 인을 맞은 자가 하나님의 말씀을 깨닫고
걸어가면 십자가로 충만하게 되고 감격이 넘치고
예수 그리스도의 피가 심령을 적시고
그리스도의 피가 심령에서 감돌고
약동(躍動)함으로 힘 있는 그리스도인이 된다.

십자가의 길을 걸어가면 영적 생명이 자라난다.
그러나 십자가의 길을 걸어가지 않으면

영적생명이 힘이 없어서 기진맥진하게 된다.
성경을 아는 몇 가지 지식을
영적생명이 자라난 것으로 착각하면 안 된다.

십자가의 길에는 방해물이 많아서
십자가의 길을 걸어가는 것이 쉽지 않다.
그러나 방해물을 헤치고 걸어가면
십자가가 자라나고
걸어가지 못하면 자라나지 않는다.

십자가가 자라난다는 말은 신구약 66권 복음진리가
내 심령에 젖어서 충만해지는 것을 말하고
심령 속에 찍힌 십자가의 인(印)이
확실해지는 것을 말한다.

십자가 구속의 진리를 깨닫고
십자가의 인을 맞으면
처음에는 십자가가 희미하지만

십자가에 연이은 하나님의 말씀을 깨닫고
걸어가면 십자가가 확실해 지는데
걸어간 것만큼 믿는 일이 확실해 진다.

십자가의 인은 십자가 구속,
하나님의 사랑에 대한 말씀을 듣고 깨달으면
성령께서 십자가로 인을 쳐 주시고
인을 맞으면 기업의 보증서가 된다.
기업의 보증서는 사죄와 칭의(稱義)와
영적생명을 받았다는 확실한 보증서(保證書)다.

성령의 인을 맞은 사람은
하나님의 말씀을 들을 수 있고 듣고 깨닫게 되고
깨달은 말씀을 순종해서 걸어가면
성령께서 말씀으로 인을 쳐 주시는데
결과는 십자가다.
그러므로 말씀의 인을 많이 맞으면
십자가가 점점 커져서 십자가로 충만하게 된다.

/ 십자가 구속의 진리를 깨달아야 구원을 받는다 /

에베소서 1:13-14의 말씀이다.

> 그 안에서 너희도 진리의 말씀 곧 너희의 구원의 복음을 듣고 그 안에서 또한 믿어 약속의 성령으로 인치심을 받았으니 이는 우리의 기업에 보증이 되사 그 얻으신 것을 구속하시고 그의 영광을 찬미하게 하려 하심이라.

십자가 구속의 진리를 깨닫고
하나님의 사랑에 감격하여 십자가의 길을 걸어가면
성령께서 십자가의 인을 쳐 주시고
십자가의 인을 맞은 자가
하나님의 말씀을 깨닫고 걸어가면
성령께서 말씀으로 인을 쳐 주시지만
십자가가 커지고
십자가가 커지면 영적 생명의 능력이 커지고
예수 그리스도의 피가 심령 속에 붉게 물들어서
그리스도의 피가 심령 속에서 힘 있게 감돌게 됨으로

/ 지식은 믿음이 아니다 /

힘 있는 그리스도인이 된다.

십자가가 커지면 커진 것만큼
십자가 사상으로 무장하게 되고
실력 있는 그리스도인으로 하나님의 영광을 옷 입고
하나님을 선전하는 아름다운 기관이 된다.

이 글은
십자가 구속의 진리를 깨우치기 위한 글이므로
같은 소리를 거듭해서 많이 썼으나
영에 맞춘 글이므로
이성으로 받지 말고 영으로 받아야 은혜가 된다.

선입관을 버리고 읽어야 하고 한 말씀 한 말씀
정성을 들여서 읽으면 깨달음이 와서 감격이 넘쳐서
가슴이 뭉클하여 흐느껴 울게 되고
영적생명이 소생하여 은혜와 평강이 넘치게 된다.

/ 십자가 구속의 진리를 깨달아야 구원을 받는다 /

제 3 부 십자가가 자라나면
복음화 된 그리스도인이 된다

1. 신앙생활 도표

2. 신앙생활의 방해물

3. 겨자씨가 천국이다.

4. 신앙생활의 단계

5. 믿음이 자라나는 과정

1. 신앙생활 도표(圖表)

십자가 그림은
신앙생활을 이렇게 하라는 도표(圖表)다.
그러므로 십자가 그림을 보고
신앙생활을 정석(定石)으로 하기 바란다.
신앙생활은
나를 하나님의 사람으로 만들어가는 생활이므로
진리를 바로 깨닫고 바로 믿어야 한다.

많은 사람이 교회생활을 신앙생활로 알기도 하고
성경지식을 믿음으로 알기도 하고

육신의 감정을 충족시키는 생활을
신앙생활로 착각하기도 한다.

신앙생활은 십자가를 깨달아야 할 수 있고
깨닫지 못하면 신앙생활을 할 수 없다.
그러므로 십자가를 깨우쳐 주어야 하고
십자가를 깨달으면 깨달은 진리를 붙들고
십자가의 길을 걸어가야 한다.

십자가 속에는 구속이 있고
구속의 진리는 죄를 사하는 비밀과
의인되는 비밀이다.
구속의 비밀을 깨달으면 구속의 은혜를 받고
하나님의 사랑에 감격하여 믿음으로 살게 된다.

믿음은 영적생명 속에 있으므로
십자가를 깨닫고 영적 생명이 살아나면
영적생명 속에 믿음이 있으므로 믿음은 생명이다.

/ 지식은 믿음이 아니다 /

영적생명을 받지 못하면
믿음도 구원도 받지 못하므로 지옥이다.

에베소서 2:8의 말씀이다.

> 너희가 그 은혜를 인하여 믿음으로 말미암아 구원을 얻었나니 이것이 너희에게서 난 것이 아니요 하나님의 선물이라.

여기서 은혜는
십자가 구속의 진리를 깨닫는 것을 말한다.
구속의 진리를 깨달으면 은혜를 받고
그 은혜로 인하여 믿음을 선물로 받고
믿음으로 구원을 받게 된다는 말이다.

신앙생활은
십자가를 깨닫고 영적 생명이 산 사람이 할 수 있고
영적생명이 살지 못한 사람은

교회생활은 할 수 있으나 신앙생활은 할 수 없다.
교회생활 자체는 신앙생활이 아니다.

신앙생활은
하나님의 말씀을 영으로 받아서
영을 써서 하나님의 말씀을 순종하는 생활이므로
영적생명이 없으면 할 수 없다.
그러므로 십자가를 깨닫고
영적생명이 살아나야 한다.

/ 지식은 믿음이 아니다 /

2. 신앙생활의 방해물

사람이 세상에 태어나면 젖을 먹이고 잠을 재우고
울면 기저귀를 갈아주고 젖을 먹이고 잠을 재우고
이렇게 반복하는 가운데 아기는 자라난다.

이와 같이 영적 생명도 태어나면 젖을 먹이듯이
하나님의 말씀을 씹어서 먹이고
시험거리가 생기면 기도해 주고
주일에는 교회에 나와서
예배에 참석하여 은혜를 받게 하기를 거듭하면
교인이 신자로 자라난다.

그러나 속히 자라게 하려고 자주 찾아가면
긁어 부스럼을 만든다.
새 신자는 가만히 내버려두는 것이 상책이다.

십자가의 길을 가는 노정(路程)에는 방해물이 많다.
십자가 도표(圖表)의 화살표는 방해물 표시(表示)다.
방해물은 시험거리들로서
시험거리와 싸우는 것이 신앙생활이다.

방해물과 싸워서 이기면 십자가가 커진다.
그러므로 이겨야 하고
이길 때마다 화살표 하나씩 통과하여
십자가가 커지면서 그리스도의 피가 약동한다.

방해물과 싸우는 일은
육신의 호흡이 끊어질 때까지 해야 하고
내 심령 속에 십자가가 커진 것이
영권이고 내가 누릴 천국의 복락이다.

/ 지식은 믿음이 아니다 /

신앙생활은 방해물과 싸우는 생활이다.

그러므로 방해물이 오면 포기하지 말고

싸워서 이겨야 영적생명과 함께 십자가가 커지고

인격도 커지고 내가 누릴 천국도 커진다.

신앙생활은 과정이 없고 죽어야 끝난다.

학교는 과정이 있어서

과정을 먼저 이수하면 선배가 되고

늦게 이수하면 후배가 되지만

신앙생활은 과정이 없으므로 선후배가 없고

교회에 먼저 등록해도

십자가 구속의 진리를 깨닫지 못하면

이방인 그대로 있고

깨닫고 십자가의 길을 걸어가면

걸어간 만큼 천국에서 큰 자가 된다.

십자가의 길에 방해자는 마귀다.

그러므로 방해물이 올 때마다

마귀가 찾아온 줄 알아서
마귀의 속임수에 속지 말고 싸워 이겨야 하며
이기면 마귀의 도성을 정복하게 되고
내가 누릴 천국의 범위가 넓어진다.

신유(神癒)의 은사를 받아서 병을 고친다든지
알아들을 수 없는 방언(方言)을 한다든지
현실을 놓고 예언을 하고 예언기도를 해 주는 사람은
하나님을 속이고 자기도 속이고
자기 믿음이나 다른 사람의 믿음에도
유익을 주지 못한다.

신명기 13:1-3을 참고하라.

> 너희 중에 선지자나 꿈꾸는 자가 일어나서 이적과 기사를 네게 보이고 네게 말하기를 네가 본래 알지 못하던 다른 신들을 우리가 좇아 섬기자 하며 이적과 기사가 그 말대로 이룰 찌라도 너는 그 선지자

나 꿈꾸는 자의 말을 청종하지 말라 이는 너희 하나님 여호와께서 너희가 마음을 다하고 성품을 다하여 너희 하나님 여호와를 사랑하는 여부를 알려 하사 너희를 시험하심이니라.

신명기 13:4-5의 말씀이다.

너희는 너희 하나님 여호와를 순종하며 그를 경외하며 그 명령을 지키며 그 목소리를 청종하며 그를 섬기며 그에게 부종하고 그 선지자나 꿈꾸는 자는 죽이라 이는 그가 너희로 너희를 애굽 땅에서 인도하여 내시며 종 되었던 집에서 속량하여 취하신 너희 하나님 여호와를 배반케 하려 하며 너희 하나님 여호와께서 네게 행하라 명하신 도에서 너를 꾀어 내려고 말하였음이라 너는 이같이 하여 너희 중에서 악을 제할지니라.

현실교회가 축복과 부흥을 외치고 이적을 행해도

속지 않기를 바란다.
유명한 사람에게 기도를 받는다고
축복이 되는 것이 아니고
그 사람이 얼마나 잘 믿었는가에 따라서
하나님이 알아서 주시는 것이 축복이므로
속지 않기를 바란다.

목사가 축복을 외치면 교인들은 축복을
받으려고 교회생활을 잘하나
축복과 부흥은 믿는 일을 하는데 따라서
따라 오는 것이므로 믿는 일(신앙생활)만 잘하면 된다.

교회가 믿는 도리를 가르치지 않기 때문에
교인들은 아무것도 모르고
절에 가서 돌부처에게 절을 하기도 하고
점쟁이를 찾아가서 점괘를 보기도 하고
정상적으로 믿는 사람이 많지 않다.
그러므로 목사는 믿는 도리를 가르치고 깨우치는

일을 잘 해야 한다.

목사가 신앙생활의 본을 보이면 교인들이 보고
배워서 신앙생활을 잘 하게 된다.
신앙생활을 잘 하면 축복이 와서 하나님의
영광을 옷 입고 하나님을 선전하는 기관이 된다.

신앙생활은 하지 않고 명예와 영광을 위해
교회생활을 하면 세상사람 그대로 있고
신앙생활을 잘 하면 하나님의 사람이 되고
믿는 일 하는데 따라서 복이 온다.

믿는 사람은 신앙생활을 해야 한다.
신앙생활은 십자가 구속의 진리를 깨닫고
하나님의 은총에 감격하여
하나님의 말씀을 순종하는 생활이다.

신유의 은사를 받아서 병을 고친다든지

예언을 한다든지 하는 것은 신앙생활이 아니다.
그러므로 병을 많이 고쳐 주고 예언을 하고
예언 기도를 해 주어도 자기 믿음에 유익이
없고 미신이 된다.

진리를 깨닫지 못하면 영적생명이 없으므로
하나님의 말씀을 들어도 받을 그릇이 없어서
이성이 받아서 지식은 얻을 수 있으나
하늘에 뜬 구름이 바람 부는 대로 동하는 것처럼
믿는 일에 정함(확신)이 없고
그때 그때 충동되는 대로 살아간다.

믿는 사람은 새벽시간을 잃어버리면 안 된다.
새벽시간은 하나님을 만나서 교제하는 시간이다.
그러므로 새벽시간을 소중히 여기고
기도할 때 마다 십자가 구속의 은총을 생각하면서
하나님의 사랑에 감동하고 감격의 눈물이 나올 때까지
기도해야 힘 있는 하루가 된다.

/ 지식은 믿음이 아니다 /

3. 겨자씨가 천국이다

천국을 알고 믿어야 한다.
천국은 어떤 장소에 있는 것이 아니고
내 마음 속에 있다.
그러므로 어떤 장소를 생각하지 말고
내 마음 속에 심겨진 겨자씨의
움이 트고 싹이 나서 자라나면 천국이다.

누가복음 17:20-21의 말씀이다.

바리새인들이 하나님의 나라가 어느 때에 임하나

이까 묻거늘 예수께서 대답하여 가라사대 하나님의 나라는 볼 수 있게 임하는 것이 아니요 또 여기 있다 저기 있다고도 못하리니 하나님의 나라는 너희 안에 있느니라.

마가복음 4:30-32의 말씀이다.

또 가라사대 우리가 하나님의 나라를 어떻게 비하며 또 무슨 비유로 나타낼꼬 겨자씨 한 알과 같으니 땅에 심길 때에는 땅위의 모든 씨보다 작은 것이로되 심긴 후에는 자라서 모든 나물보다 커지며 큰 가지를 내니 공중의 새들이 그 그늘에 깃들일 만큼 되느니라.

하나님의 나라는 겨자씨 한 알과 같다고 하였다.
겨자씨는 씨 중에 가장 작은 씨이지만
생명이 있으므로 심으면 싹이 나고 자라나서
새들이 와서 깃들일 만큼 된다.

/ 지식은 믿음이 아니다 /

그러므로 겨자씨가 천국이다.
누가복음 8:11에
"씨는 하나님의 말씀이요" 라고 하였다.
그러므로 겨자씨는
하나님의 말씀이고 하나님의 씨이므로
하나님의 말씀을 마음 밭에 심어서 싹이 나면
천국이 시작되고 자라나면 천국이 확장된다.

마태복음 13:23의 말씀이다.

> 좋은 땅에 뿌리웠다는 것은 말씀을 듣고 깨닫는 자니 결실하여 혹 백배, 혹 육십 배, 혹 삼십 배가 되느니라.

여기서 좋은 땅은 옥토(沃土)를 말하는데
옥토는 길밭, 돌밭, 가시떨기밭을
개간해서 만드는 것이 아니고
하나님의 말씀을 듣고 깨달으면 옥토가 된다.

하나님의 나라는 믿는 자의 마음에 있는데
십자가를 깨달으면
영적생명과 함께 믿음을 받고 믿음으로 구원을 얻고
그날부터 천국생활이 시작된다.
우리가 지금까지 알고 있기로는
천국은 죽은 후에 가는 곳으로 알고 있었다.
그러나 천국은 죽어야 가는 곳이 아니고
십자가를 깨닫는 날부터 시작 된다.

죽은 후에 가는 천국은 살아있을 때 이미 얻으며
믿음의 생활을 통해서 천국을 누리던 사람이 죽으면
천국에서 영원토록 천국복락을 누리게 된다.
그러므로 살아있는 동안에 천국을 얻지 못하면
죽은 후에도 천국이 없음을 알아야 한다.

천국은 깨달은 진리다.
그러므로 십자가 구속의 진리를 깨달으면
영적생명이 살고

산 생명이 깨달은 진리로 말미암아
항상 기쁘고 즐겁고 평안하므로 천국이다.

요한복음 14:27의 말씀이다.

> 평안을 너희에게 끼치노니 곧 나의 평안을 너희에게 주노라 내가 너희에게 주는 것은 세상이 주는 것 같지 아니하니라.[1]

십자가 구속의 진리를 깨달으면 천국이 임하고
깨달은 진리에 따른 말씀을 깨닫고 걸어가면
내가 누릴 천국의 범위가 확장된다.
십자가를 아는 지식은 천국이 아니다.

영적생명이 자라나는 과정은 참으로 오묘하다.
십자가 구속의 진리를 깨달으면 영적생명이 살고

---

1 찬송가 189(새 257), 466(새 408), 475(새 414), 209(새 285) 참고.

산 영이 깨달은 말씀을 순종하여 걸어가면 자라나고
천국이 확장되는 것이 참으로 오묘하다.

불학무식(不學無識)하고 흉악무도(凶惡無道)한 죄인이
십자가를 깨닫고 예수를 믿으면
망령된 행실을 끊고 변하여
새 사람이 되는 것을 보면 참으로 오묘하다.
십자가의 길에는 방해물이 많고
방해물과 싸워서 이기면
내가 누릴 천국이 커지니 참으로 오묘하다.

천국이 따로 있는 것이 아니고
깨달은 진리가 천국이므로
십자가를 깨달아야 천국이 임하고
깨달은 말씀을 순종하여 걸어가면 천국이 커지니
참으로 오묘하다.

4. 신앙생활의 단계

십자가의 길을 걸어가면서
화살표를 하나씩 통과하면
십자가가 커지고 예수 그리스도의 피가
심령 속에서 강력하게 감돌게 된다.
그리하여 노인은 청춘이 되고
청년들은 홍해를 만나도 두렵지 않고
사자굴이나 풀무불도 두려워하지 않는
신앙의 용장이 된다.

십자가 복음은 복음화의 첫 걸음이다.

그러므로 십자가를 깨닫고 방해물을 헤치고
십자가의 길을 걸어가므로 한 단계 한 단계 올라가서
복음화 된 그리스도인이 되고
하나님이 쓰실 만한 일꾼이 된다.

기독교는 십자가가 생명이므로 십자가를 깨닫고
십자가의 길을 걸어가야 십자가 복음이
심령 속에서 자라나서 복음화 된 그리스도인이 된다.

신자여! 십자가로 자라나는 노정(路程)을 보라!
십자가 그림의 화살표는 방해물인데
신앙생활을 정석으로 하면
여러 가지 시험거리가 온다.
그러나 방해물과 싸워서 이기고
화살표를 하나씩 통과하여 십자가로 복음화가 된다.

십자가 그림은
십자가로 복음화 되는 것을 그려 놓은 것이다.

/ 지식은 믿음이 아니다 /

십자가 그림과 같이
우리 심령에 십자가로 충만하게 되면
복음화 된 그리스도인이 되고 복음화 된 것만큼
그리스도의 피가 강력하게 흐르게 된다.

도표(圖表)로 본 신앙생활이다.
방해물과 싸워서 이기면 이긴 것만큼
십자가가 커진 것을 볼 수 있다.
하나님은 속지 않는다.
신앙생활은 신앙양심을 써서
십자가의 길을 걸어가야 열매가 있다.

십자가가 복음이다

십자가 구속의 진리를 깨닫고 십자가가 자라나면
복음화 된 그리스도인이 된다.

5. 믿음이 자라나는 과정

앞 장 그림의 화살표는
십자가의 길을 걸어갈 때에 오는 방해물(시험거리)이다.

방해물과 싸워서 이기면
화살표 하나를 통과하게 되고 통과한 다음에
십자가의 길을 걸어가면 방해물이 또 온다.
그러나 방해물과 싸워서 이기면
또 하나의 화살표를 통과하게 된다.

이와 같이 죽을 때까지 방해물과 싸워서

화살표를 많이 통과하면 통과한 것만큼
십자가가 커지고 커진 것만큼 심령에는
그리스도의 피가 강력하게 흐르게 되고
힘 있는 그리스도인으로 자라나게 된다.

신앙생활은 십자가 구속의 진리를 깨닫고
믿음의 길을 걸어가는 것이다.
그러므로 신앙생활을 정석으로 하는 사람은
환란과 핍박과 여러 가지 시험이 오지만
영적 생명이 살아 있으므로 두려워하지 않고
죽으면 죽으리라는 일사각오(一死覺悟)로
십자가의 길을 걸어간다.

알아야 할 것은 하나님의 말씀을
이성으로 받지 말고 영으로 받아야 한다는 것.
그러나 영이 깨어나지 못한 사람은
이성으로 받아서 지식을 삼는다.

/ 지식은 믿음이 아니다 /

영이 깨어난 사람은 하나님의 말씀을
영으로 받고 영의 길, 십자가의 길을
걸어가므로 십자가와 함께 영적 생명이
자라나서 힘 있는 그리스도인이 되지만
영이 깨어나지 못한 사람은 힘이 없어서
십자가의 길을 걸어가지 못한다.

교회에 다니다가 죽으면 천당 간다는
허황된 선입관념을 가지면 안 된다.
생각해 보라.
교회 문턱을 밟고 다녔다고
천국에 간다는 말이 맞으면
교회문턱이 구원을 준다는 말이 된다.

교회에 출석하여 하나님의 말씀을 듣는 중에
십자가 구속의 진리를 깨닫고
하나님의 사랑에 감격하여
십자가 앞에 굴복한 사람이 구원을 받는다.

그리고 십자가의 길을 걸어가면
영광스러운 구원에 참예하게 된다.

많은 사람이 교회에 다니고 있으나
구원받지 못한 사람이 많다.
그러나 구원받지 못한 것을
모르는 사람이 태반이다.

그리고 세속화된 교회는 축복에 초점을
맞춰서 설교하므로 구원을 받기 어렵다.
그러나 자기가 다니는 교회가
세속화된 것을 모르는 사람이 태반이다.

그러므로 교회에 다니고도
구원을 받지 못할 사람이 많고
세상에서 지옥생활을 하다가
죽으면 영원히 지옥형벌을 받게 된다.

/ 지식은 믿음이 아니다 /

어떤 사람은 교회에 다니면서 직분을 받고
봉사를 많이 했기 때문에
구원을 받은 줄 아는 사람도 있지만
십자가를 깨닫지 못하면 구원을 받지 못하므로
속지 말고 십자가 구속의 진리를 깨닫고
믿음으로 살기를 바란다.

/ 십자가 구속의 진리를 깨달아야 구원을 받는다 /

십자가가 복음이다

십자가 구속의 진리를 깨닫고 십자가가 자라나면
복음화 된 그리스도인이 된다.

* 저자소개

1931년 평남 안주군 입석 출생
안양대학교 전신 대한신학(제6회) 및 연구원 졸업
미국 Moris 목회신학교 수료
미국 Linda Vista 신학대학원에서 신학박사 학위 취득
대한민국 육군군목 만10년 봉직
1964년 대전서부(현 충신)교회 부임(위임목사)
1966년 4월 10일 대전대광(현 새벽)교회 개척
대한신학교 총동창회장 역임
대한신학 및 총회신학 교수 역임
총회신학 연구원장 및 이사 역임
대전대광(현 새벽)교회, 청주신광(현 밝은)교회, 대전산돌(현 예닮제일)교회 개척
대한예수교장로회(대신) 제20대 총회장 역임
2002년 5월 13일 새벽교회 원로목사 추대
증경총회장단 회장 역임
대신원로목사회 회장 역임
한기원(한국기독교원로목사회) 대표회장 역임
2001년 9월 9일~현재 YTM선교회 창립, 대표

* 저서

『참 신자가 되는 길(설교집) I, II』
『목사님 알고 싶어요(신앙상담집)』
『올바른 인식과 관념』
『YTM편지』 제1권~5권
「YTM편지」(월간) 현재 제150호 발행

* 연락처와 후원안내

주소: 305-807 대전광역시 유성구 대학로 191-1(어은동) 2층 YTM선교회
TEL: (042)863-9009, 010-4454-9009
후원안내: 농협: 453101-56-091482 (예금주: 최헌)
(「YTM편지」〈월간〉를 받아 보시기 원하시면 연락 바랍니다.)

십자가가 복음이다 *The Cross is the Very Gospel*

2013년 12월 15일 초판 발행

지은이 | 최헌

편 집 | 박상민, 박예은
디자인 | 박희경, 정영운
펴낸곳 | 사) 기독교문서선교회
등 록 | 제16-25호(1980. 1. 18)
주 소 | 서울시 서초구 방배로 68
전 화 | 02) 586-8761~3(본사) 031) 942-8761(영업부)
팩 스 | 02) 523-0131(본사) 031) 942-8763(영업부)
홈페이지 | www.clcbook.com
이메일 | clckor@gmail.com
온라인 | 기업은행 073-000308-04-020, 국민은행 043-01-0379-646
　　　　 예금주: 사)기독교문서선교회

ISBN 978-89-341-1339-3(03230)

* 낙장·파본은 교환해 드립니다.

이 도서의 국립중앙도서관 출판시 도서목록(CIP)은
서지정보유통지원시스템 홈페이지(http://seoji.nl.go.kr)와
국가자료공동목록시스템(http://www.nl.go.kr/kolisnet)에서
이용하실 수 있습니다.
(CIP제어번호: CIP2013024110)